AF398842

Reginald Klein

Das Vorwerk
des Schlosses von
Rendesborch

Eine
Familiengeschichte
in Versen

**Mit 50 Illustrationen
von Reginald Klein**

ISBN 3-935441-10-X
Alle Rechte vorbehalten
Umschlaggestaltung: GraFisch, Katharina Mahrt
Lektorat Edward Hoop
Herstellung: Books on Demand, Norderstedt
Printed in Germany
ISBN 978-3-935441-10-0

Vorwort

Das Vorwerk an der Obereider

Das Vorwerk ist die Keimzelle Büdelsdorfs. So wie Rendsburg in
Anlehnung an die Reinoldsburg entstand, so auch Büdelsdorf,
aber auf ganz andere Art.
Zur Versorgung der Burg wurde in unmittelbarer Nähe ein land-
wirtschaftlicher Betrieb eingerichtet. Da er durch einen Wall ge-
schützt war, sprach man von einem "Werk", da er vor der Burg
lag, von einem "Vorwerk".
Das gesamte Gebiet zwischen dem Eiderufer und dem Moor im
Norden gehörte zum Vorwerk, also das heutige Areal zwischen
alter und neuer Dorfstraße.
Auch wenn wohl nicht das gesamte Gebiet urbar gemacht war,
benötigte man für so ausgedehnte Ländereien zahlreiche Arbeits-
kräfte. Und auch auf der Burg wurden ständig Arbeiter benötigt:
als Gärtner, Diener, Kutscher, Maurer, Zimmermann usw. So
bildete sich außerhalb von Burg und Stadt eine kleine Ansied-
lung, deren Bewohner auf der Burg oder auf dem Vorwerk be-
schäftigt waren. Eine frühe Häusergruppe könnte dort, wo heute
die Brunnenstraße verläuft, gelegen haben, an dem kleinen See,
der von einem Brunnen gespeist wurde und erst im19. Jahrhun-
dert zugeschüttet wurde. Burg und Vorwerk hätten dann in un-
mittelbarer Nähe gelegen, und vor Überschwemmungen war
man dort sicher.
Die ersten Büdelsdorfer hatten entweder nur einen Schlafplatz in
einer Hütte, oder sie waren Kätner, bewirtschafteten also eine
kleine Kate mit einem Garten und besaßen eine Kuh, die sie auf
die öffentliche Weide treiben konnten. Sie übten zumeist neben-
bei ein Handwerk aus, aber ihre Hauptbeschäftigung bestand in
Dienstleistungen für Vorwerk und Burg.
Auch Landleute aus den anderen Dörfern des Burgbezirkes wur-
den zu Dienstleistungen für das Vorwerk herangezogen, entwe-
der mit Naturalabgaben oder als Steuerzahler. Außerdem musste
praktische Arbeit geleistet werden. Die Büdelsdorfer waren Hof-
und Amtsdiener, hatten Briefe des Amtes zu überbringen und
Fuhrdienste jedweder Art zu leisten. So waren zum Beispiel im
Jahre 1692 im Zuge einer Reise des Königs 260 Wagenladungen

von Rendsburg nach Hohenwestedt zu befördern, und bei der
Rückreise 323 Wagenladungen von Rendsburg nach Schuby.
Die auf dem Vorwerk anfallenden landwirtschaftlichen Arbeiten
und die Reparaturarbeiten an den Gebäuden waren auf die um-
liegenden Dörfer verteilt. So hatten Lehmbek und Borgstedt für
die Aussaat des Korns zu sorgen. Rade, Ostenfeld, Osterrönfeld,
Schacht, Audorf, Schülp, Schülldorf und Westerrönfeld waren
fürs Mistfahren, das Pflügen und das Einbringen der Ernte zu-
ständig. Nortorf, Hohenwestedt und Kellinghusen waren für das
Dach des Vorwerkhauses verantwortlich, Jevenstedt für das
Scheunendach. Aufgabe der Büdelsdorfer war es, Nachricht in
die Dörfer zu bringen, wenn Arbeitskräfte zu stellen waren. Da-
mit übten sie eine Tätigkeit aus, die der des Büttels in den Städ-
ten entsprach, der für den Rat unterwegs war. Es ist anzunehmen,
dass daher der Name Büdelsdorf rührt (Büdel = Büttel). Da die
Büdelsdorfer ständig für Burg und Vorwerk zur Verfügung ste-
hen mussten, waren sie vom Kriegsdienst befreit, zu dem sonst
alle Landbewohner herangezogen wurden.
Aus der Burg wurde im 14.Jahrhundert das Schloss der holstei-
nischen Grafen, im folgenden Jahrhundert fiel es an den König
von Dänemark. Der Burgvogt nannte sich jetzt Königlicher
Amtmann. Er war ein hochgestellter Herr, der zur Bevölkerung
kaum Kontakt suchte. Für die Büdelsdorfer war der Gutsverwal-
ter auf dem Vorwerk der Herr. Einer von ihnen war Hennig Lund.
Um ihn geht es in der folgenden Geschichte, die, in Verse gefasst,
alten Mustern nachempfunden ist.

Dr. Edward Hoop

1426 - 1449

Als Graf von Holstein wohl bekannt
und Herzog auch von Schleswigland,
lebt Adolf in Rendsborges Schloss,
des Öfteren mit Hof und Tross.

Der Burgwall und der Eiderfluss,
des Arme um die Insel greifen,
bewahr'n den Schlossherrn vor Verdruss,
falls Feinde durch die Gegend streifen.

Des Herzogs Burgvogt sorgt für Recht,
ihm unterstehen Mann und Knecht.
Damit's im Schlosse an nichts fehlt,
ist er von Ordnungssinn beseelt.

Furage, Waffen, Pferd und Wagen,
das Vorwerk draußen steht bereit,
darüber gibt es nichts zu klagen,
ist brav im Dienst der Obrigkeit.

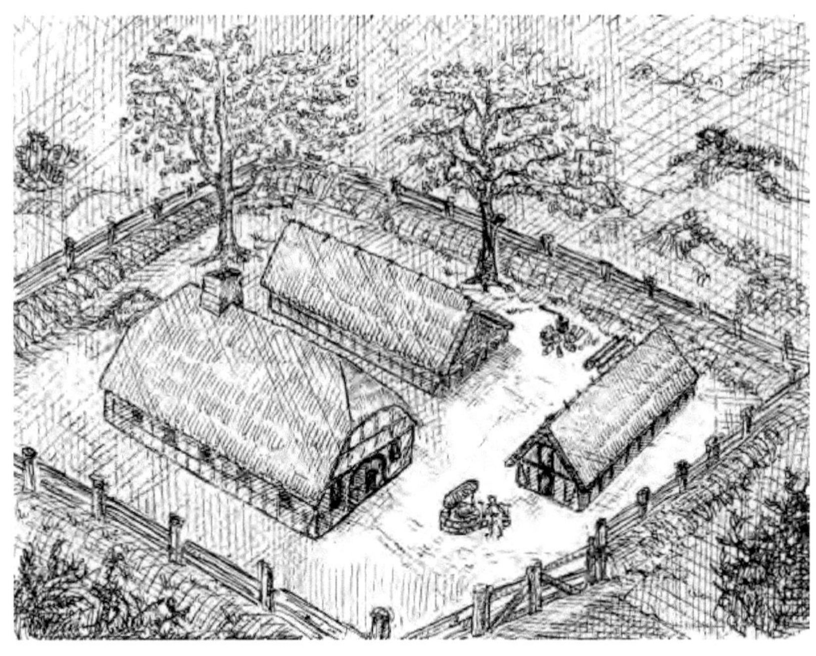

Dem Landmann ist es wenig wichtig
und auch im Weiteren wohl nichtig,
sich um die Politik zu scheren,
hat doch genug bei sich zu kehren.

Auch so versteht es Henning Lund,
der zum Verwalter wird bestellt
im Vorwerk wohl aus gutem Grund,
da man ihn für den Rechten hält.

Wenn morgens er beim ersten Schrei
des Hahnes um den Gutshof reitet,
fühlt er sich stark und sorgenfrei,
wo Fluss und Land sich vor ihm weitet.

Vor langen Jahren wollt's ihm frommen,
aus Angeln in dies Land zu kommen.
Ihn zog es hin zum Eiderfluss,
bereute niemals den Entschluss!

Des Vaters Hof im Angelland
bekam der erstgeborne Sohn.
Dies Recht hat Henning anerkannt,
verließ das Haus als Jüngling schon.

Die ersten Zeiten waren hart
im Burgvorwerk auf Hof und Feld.
Doch hat er eisern angespart
so manche Münze, gutes Geld.

Beim Dienst im Schlosse fiel er auf.
Der Vogt erfragt' den Lebenslauf,
erkannte bald des Mannes Kraft.
Dies war ein Kerl voll Leidenschaft.

"Hör her, du sollst das Vorwerk leiten,
erfüll des Hofes Soll beizeiten!"
Nun war er Herr, wo er einst Knecht.
Es zeigte sich, er ward's zu Recht.

Dem Vorwerk war Erfolg beschieden,
es bot dem Schlosse Überfluss.
Der Burgvogt war mit Lund zufrieden,
gab ihm so manchen Obolus.

Oft kam es Henning in den Sinn,
ein Eheweib sei ihm Gewinn.
Er war bemüht, es anzustreben,
nicht länger mehr allein zu leben.

Im Quellkroog war die Stimmung derb,
bei Würfelspiel und argem Zechen,
die Frauensleute laut und herb.
Hier durft er wenig sich versprechen.

Auch wollt er nicht die Nacht vertändeln,
mit trunknen Burschen anzubändeln.
Es rief so früh doch schon die Pflicht,
beim ersten, blassen Morgenlicht.

Ob Korn, Gemüse, Federvieh,
so reichlich alles dort gedieh,
wo Lund mit Kopf und fester Hand,
der Knechte Dienst geschickt verband.

Drum gab es häufig Überschuss,
und was dem Vogt fürs Schloss zuviel,
kam auf den Markt, das war Beschluss.
Besitz zu mehren war das Ziel.

Wenn Lund mit schnellem, festem Gang
den Markt durcheilt' voll Schaffensdrang,
so manches Weib blickt' hinterdrein,
ließ sich am liebsten von ihm frei'n.

In Rendesborch, im Mühlenhaus,
war Henning Lund stets wohlgelitten.
Er fuhr das Korn zum Mahlen raus,
der Müller braucht' nicht lang zu bitten.

Dort gab's ein Töchterlein zu necken,
das konnt Gefühle in ihm wecken.
Wie wollt es ihm Vergnügen machen,
mit ihr zu scherzen und zu lachen.

Der große, schlanke, blonde Mann
zog sie sofort in seinen Bann.
War'n auch die Scherze selten fein,
wollt gern sie mit ihm glücklich sein.

Oft waren seine Sprüche derb,
er reizte sie mit keckem Wort.
Sie reagierte spröde, herb,
ließ ihn bald steh'n und eilte fort.

Auch war sein Ruf wohl nicht der beste,
war Hahn im Korb auf jedem Feste.
Das Weibervolk gab sich wie toll,
war hoffnungs- und erwartungsvoll.

Doch Telses Vater, Johann Arp,
sah es mit reinem Wohlgefallen,
dass Henning um die Tochter warb.
Er schien der trefflichste von allen.

Auch er, des Schlosses Müllermeister,
war in der Jugend oft ein dreister
und händelfreudger Mühlgeselle,
der bei den Mädchen schnell zur Stelle.

Zwar schlug er sich mit manchem Pack,
trank gern und häufig Gerstensaft.
Doch trug er stets den schwersten Sack
mit gutem Korn, das machte Kraft.

So konnte man es schon verstehen,
dass bald als Eidam er wollt sehen
den Gutsverwalter Henning Lund.
Er tat's mit klarem Worte kund.

Auch Telse schien für ihn gewonnen
und fügte sich in Vaters Willen.
War tief im Herzen wohlgesonnen
dem wilden Henning ganz im Stillen.

So gab sie schließlich zögernd nach,
da er in leisen Tönen sprach.
Erhörte endlich stetes Werben,
wollt nicht ihr eigen Glück verderben.

In Bälde gab's ein Hochzeitsfest,
mit Musikanten, Tanz und Schmaus.
Gerichtet war ein warmes Nest,
das Vorwerk wurde ihr Zuhaus.

Und Telse, Hennings jungem Weib,
erblüht' in Fruchtbarkeit der Leib,
gebar in Jahresfrist den Sohn,
der beiden sehnlichst Liebeslohn.

Zwei Jahre nur war Olf allein,
dann ward ein Brüderchen geboren.
Welch guter Grund zum Fröhlichsein.
Die Eltern neu sich Treue schworen.

Und wieder blühte Telse Lund,
denn in ihr reifte neues Leben.
Nicht lang darauf tat Henning kund:
"Es hat ein Töchterchen gegeben !"

Die kleine Wike, Olf und Peder,
kannt' bald in Rendesborch ein jeder.
Sie wuchsen zu der Eltern Stolz,
wie junger Trieb aus gutem Holz.

Das Vorwerk gab nun vielfach Frucht,
wie es der Burgvogt einst erbeten.
Es herrschte Ordnung und auch Zucht,
so ließ sich's vor dem Herrn vertreten.

Olf - blond der Schopf, ganz Hennings Sohn,
So tollt der Junge querfeldein.
Liebt Wald und Flur wie Vater schon,
möcht ganz gewiss kein Stadtkind sein.

Statt an der Mutter Schoß zu hängen,
wo Haus und Kammern ihn beengen,
ist er beim Landbetrieb zu finden,
an den ihn Knabenträume binden.

Sohn Peder ist mehr Mutters Kind,
nicht sehr robust, zart die Statur,
ein leichter Zweig im rauen Wind.
Sein Streben gilt der Schule nur.

Dem Enkel hilft der Müller bald
bei einem Stadtschulaufenthalt,
das ganze Alphabet zu schreiben,
die Rechenarten zu betreiben.

Auch lernt bald schätzen er die Stadt.
Das bunte Treiben in den Gassen
ihm schon als Knirps gefallen hat.
Das Schloss hat Eindruck hinterlassen.

So wundert es die Eltern nicht,
als Peder eines Tages spricht:
"Will mich im Schlosse dienstverpflichten,
möcht gerne Schreibarbeit verrichten!"

Die Tochter wächst in Obhut auf,
denn Mutter lenkt der Dinge Lauf.
Wie ist die Kleine frisch und froh,
das blonde Haar wie sprödes Stroh.

Vorm Vater hat sie stets Respekt,
den Strengen kehrt er gerne raus.
Und wenn er sie im Spaß mal neckt,
verkriecht sie hurtig sich im Haus.

Und endlich ist sie aufgeblüht,
Empfindsamkeit prägt ihr Gemüt.
Ist nun ein schönes, frommes Kind,
das allen Menschen wohlgesinnt.

Der Knechte Blicke sind beredt,
wenn Wike durch die Scheunen eilt.
Man oft ihr Lächeln missversteht,
das freundlich sie rundum verteilt.

Die Jahre sind ins Land gegangen.
Verwalter Lund kommt gut voran,
muss nicht um Weib und Kinder bangen.
Er gilt als ein gestandner Mann.

Sohn Olf zählt zweiundzwanzig Jahr.
Und wie dem Vater offenbar,
liegt ihm die Landwirtschaft im Blut.
Ist Vaters Stütze auf dem Gut.

Im Schloss hat Peder sich verdungen.
Nimmt sich des Vorwerks Pflichten an.
Hat manches Lob dort schon errungen.
Dient gar dem Herzog dann und wann.

Des Vaters Glück, das Töchterlein,
muss brav im Haushalt tätig sein.
Als Mutters schönes Ebenbild
ist es zu dienen stets gewillt.

Wie stolz ist Henning auf den Sohn,
weil er nach alter Tradition,
der Landwirtschaft sich zu verschreiben,
bereit ist, auf dem Hof zu bleiben.

Dem Vorwerkhof gilt alle Kraft.
Hier hat ein jeder seine Pflichten.
Nur was mit Freude wird geschafft,
gibt Mut, auf vieles zu verzichten.

Wen wundert der Familie Glück,
bei solch einem Zusammenhalt.
So wächst von Jahr zu Jahr ein Stück,
der Hof zu voller Blüte bald.

Die Zeit läuft ohne Gängelei.
Doch stete Wandlung sich vollzieht.
Mal plätschert munter sie vorbei,
dann reißend sie von hinnen flieht.

Des Vorwerks Ernte bringt Ertrag
durch diesen starken Menschenschlag.
Das Erntegut füllt Haus und Scheuer,
Gott schütz´ es stets vor Sturm und Feuer.

Im Schloss führt Peder Lund die Listen,
hat zu beachten Ziel und Fristen.
Auch übers Vorwerk führt er Buch,
oft hat vom Vater er Besuch.

Die Monde runden sich zum Jahr,
sein Nest bezieht das Storchenpaar.
Dem Rapsgelb folgt das Winterweiß,
und endlich schließt sich dann der Kreis.

Wenn's neue Jahr mit Böllerschuss
vom nahen Schlosse wird verkündet,
begehn die Lunds den Altjahrsschluss,
da Treue sich mit Glück verbündet.

Mit fester Hand führt Lund das Gut,
verlässlich ist sein eigen Blut.
Auch das Gesinde ist im Wort,
zur Stell' ist jedermann vor Ort.

Und wo des Hofes Kraft nicht reicht,
man sich nach altem Recht vergleicht.
Die Schülper pflügen, fahren Mist,
die Aussaat Borgstedts Beitrag ist.

Wenn dann die Erntezeit steht an -
die Sensen schnitten bis zur Nacht -
holt man aus Audorf jeden Mann.
Jetzt wird's Getreide eingebracht.

Die Tenne füllt sich bald mit Leben.
Die Ähren müssen Körner geben.
Die Flegel dreschen voller Kraft,
die Ernte man zur Scheune schafft.

Das Scheunendach wird ausgebessert.
Aus Jevenstedt eilt Hilf' heran.
Eh' Regen das Getreide wässert,
fängt man zu reparieren an.

Und sollt das Wohnhaus schadhaft sein,
Fahr'n Kellinghusens Männer ein.
Sie bau'n den Stuhl, sie binden Reet,
dass schnell ein neues Dach entsteht.

Die Vorwerksleut sind stets bereit,
wenn man im Schloss nach Helfern ruft.
Doch sind vom Kriegsdienst sie befreit,
da sie als Boten eingestuft.

Es folgt ein Jahr dem nächsten schnell.
Des Hofs Erträge noch reell,
sie steigern sich von Mal zu Mal.
Das Soll zu halten wird fatal.

Der Hof braucht Männer, starke Knechte,
drum wär der nächste schon der rechte.
So reitet Lund zu später Stunde
zum Quellkroog oft auf eine Runde.

Ein Schwatz mal hier, zwei Biere dort,
das Kätnervolk hofiert den Herrn.
Er stellt was dar in diesem Ort,
gesteht sich ein, er sieht es gern.

Das Weibervolk mag Henning Lund.
Solch Mann, in einer schwachen Stund,
ließ kein's der Mädchen Reue spüren.
Ach tät er nur das Feuer schüren.

Dass er daheim hat Frau und Kind,
wird ganz gewiss kein Weibsbild stören.
Das Weib ist schlau, der Mann ist blind.
Wie schnell lässt sich ein Tor betören!

Doch noch hat Henning andre Sorgen,
braucht einen Knecht zum frühen Morgen.
Den muss er heute Nacht noch finden
und an des Hofes Dienste binden.

Ein junger Bursche fällt ihm auf.
Der klagt ihm seinen Lebenslauf.
Der blonde , starke Hinnerk Goos
preist seinen Dienst bedingungslos.

Der Eltern Kate sei zu eng,
drum wär es Zeit sich umzusehen,
dass ihm ein guter Wurf geläng'.
Nie wollt den Herrn er hintergehen!

Gäb' dieser ihm die Möglichkeit,
sei zu beweisen er bereit,
wie er mit Eifer, aller Kraft,
schon morgen für den Herren schafft.

Mit Handschlag wird das Wort bekräftigt,
auch eine Magd wird noch beschäftigt.
Sie soll im Haus behilflich sein,
im Küchendienst und allgemein.

Als dürfte es nicht anders sein,
findet sich Hinnerk pünktlich ein.
Die neue Magd ist auch zur Stell,
zum abgesprochenen Appell.

Die nächsten Wochen zeigen klar,
dass Hennings Wahl die rechte war.
Der neue Knecht, voll Eifer, flink,
gehorcht dem Herrn auf ersten Wink.

Ist auf dem Hof bald unentbehrlich,
zeigt Arbeitslust und Sachverstand.
Gibt willig sich, ist scheinbar ehrlich,
geht Sohn und Vater schnell zur Hand.

So darf man sich zufrieden geben,
denn Hinnerk Goos hat das Bestreben,
dass er mit Fleiß dem Vorwerk diene,
voll Tatendrang bei froher Miene.

Bald lächelt Wike Hinnerk an,
denn ihr gefällt der starke Mann,
der eifrig seine Arbeit leistet,
doch keiner Keckheit sich erdreistet.

Die Fantasie malt ihm ein Bild,
das sein Verlangen wenig stillt.
Nun muss er mutig es beginnen,
der Wike Liebe zu gewinnen.

So flicht sich bald ein zartes Band.
Kaum wagt es Hinnerk Goos zu glauben,
dass ihn berührt des Mädchens Hand.
Was möcht sie später ihm erlauben?

Und dann ganz zag ein erster Kuss.
Dem Vater brächt' es nur Verdruss,
wenn solche Wahrheit er erführ',
dem Hinnerk wies er wohl die Tür.

Man wartet auf die Dunkelheit,
für zärtliche Gemeinsamkeit
im Holzverschlage an den Scheunen,
wo nächtlich nur die Katzen streunen.

Der jungen Wike erste Liebe,
ein heißer Bursche voll Begehren.
Sie schleichen durch die Nacht wie Diebe,
heut wird sie sich ihm nicht verwehren.

Was dann mit Leidenschaft geschieht,
im Dunkel, wo sie niemand sieht,
mag aller Neugier sich entziehen,
derweil geheim die Stunden fliehen.

Tatsächlich bleibt es unentdeckt,
dass sich das junge Paar gefunden.
Hält die Gefühle gut versteckt,
zu früh, sie offen zu bekunden.

Es fehlt Herrn Lund seit jüngster Zeit
Gelassenheit, Beständigkeit.
Auch ist er häufig missgestimmt,
zum Zürnen jeden Anlass nimmt.

Und Telse, seine treue Frau,
wird aus dem Gatten nicht mehr schlau.
Sogar Sohn Olf, sein bester Mann,
fühlt sich kaum wohl noch im Gespann.

Spät abends, wenn die Arbeit ruht,
das Eheweib den Nachtschlaf sucht,
treibt rat- und rastlos ihn das Blut
zum Kroog, in dem man säuft und flucht.

Was nur hat Henning Lund verwandelt,
den Mann, der stets besonnen handelt?
Bei Bier und Würfeln, Nacht um Nacht,
wird nun die beste Zeit verbracht.

Er zahlt im Dorfkrug jetzt die Runden,
hat hier sein Publikum gefunden
und spielt den generösen Herrn
bei den gemeinen Kätnern gern.

Des Krögers Tochter , jung und drall,
wird endlich ihm zum Sündenfall.
Will beim Servieren ihn verführen,
lässt ihn den weichen Busen spüren.

Sehr bald wird der Verwalter schwach.
Dann eines Nachts, als letzter Gast,
folgt er der Dirn´ leis unters Dach,
legt sich mit ihr zu schwüler Rast.

Frühmorgens das Gewissen plagt,
was er getan, ihm nicht behagt.
Er hat zur Nacht sein Weib betrogen,
das ihm stets treu in Lieb gewogen.

Doch schnell verdrängt er solche Not.
In Haus und Scheunen, allerorten,
den Trägen er mit Strafen droht,
treibt sie zur Eil mit groben Worten.

Wie sehr er auch als Herr sich gibt,
so mehr macht er sich unbeliebt.
Zwar schmeicheln ihm die Kätnerleut,
jedoch sein Ruf zählt keinen Deut.

Als Spieler und als Lebemann
ist er schon bald im Ort verschrien.
Man prangert seine Prahlsucht an.
Woher mag er sein Geld beziehen?

So munkelt man am Biertisch schon
von Machenschaft und Korruption.
Schafft er sich aus des Hofs Finanzen
'nen Batzen in den eignen Ranzen?

Ins Vorwerk und zum Schlosse droben
ist solch Verdacht noch nicht gedrungen.
Noch ward kein Vorwurf dort erhoben,
Gerücht und Wahrheit sind verschlungen.

Derweil Herr Lund mit sich beschäftigt,
die Tochter ihren Bund bekräftigt
mit Hinnerk - voller Leidenschaft.
Geb' Gott, dass diese dauerhaft!

Der jungen Wike erstes Glück
darf keines Truges Opfer sein.
Für ihre Wahl gibt's kein Zurück,
ihr zählt ein Leben nur zu zwein.

So schleicht sie nachts, wenn alles ruht,
und niemand ahnt, was sich bald tut,
zur Scheune, wo das Korn verwahrt,
bevor zur Mühle geht die Fahrt.

Vom streng bewachten Hakenbord
aus elterlicher Kleiderstube,
nimmt leis' das Schlüsselbund sich fort
die Tochter, wie ein Diebesbube.

Zur großen Scheune huscht sie schnell,
der Hofplatz liegt im Mondlicht hell.
Im Schatten nur das hohe Tor,
behutsam schiebt sich Hinnerk vor.

Winkt Wike flüsternd nun herein,
er nimmt den Schlüssel, eilt voran.
Das Mädchen stolpert hinterdrein,
gefangen in des Knechtes Bann.

Der öffnet nun das Hängeschloss
zum Lagerraum im Erdgeschoss,
wo die Getreidesäcke stehen.
Man kann die Hand vorm Aug' kaum sehen.

Sie richten bei Laternenschein
mit Stroh ein Liebeslager her.
Das junge Paar ist jetzt allein.
Es stört ihr Glück heut niemand mehr!

Und so geschieht es manche Nacht,
dass solch ein Treffen ausgemacht.
Den Schlüssel stiehlt sie stets vom Haken,
fürs Liebesbett ein weiches Laken.

Erschöpft vom Sturm der Leidenschaft,
wird spät das warme Nest verlassen.
Für Hinnerk ist's kein Akt der Kraft,
das Türschloss heimlich aufzulassen.

Nur Wike ahnt nicht, was er tut,
sie ist so arglos - frohgemut.
Derweil sie träumt von Treu' und Lieb',
erweist ihr Hinnerk sich als Dieb!

Wenn sie in seel'gem Schlummer liegt -
der Schlüssel hängt am rechten Ort -
ihr Schatz in Sicherheit sich wiegt,
schafft Sack um Sack Getreide fort!

Nicht mal der Hofhund schlägt noch an,
wenn Hinnerk leis das Handgespann
mit Diebesgut fast überlädt;
davon ist - eh' der Hahn gekräht.

Man muss es ihm zugute halten,
dass er der Ärmsten erst gedenkt
und auch in seinem Dorf, der Alten!
Gestohlen Gut er ihnen schenkt.

Des Diebesgutes größten Teil,
den bietet er den Bauern feil,
die gern ein Scherflein zugewinnen,
sich später dann auf nichts besinnen.

Die Lücken die sein Räubern reisst,
weiß Hinnerk Goos gut zu kaschieren.
Nach vorn rückt er die Säcke dreist,
um viel Bestand zu demonstrieren.

Man prüft nicht oft der Säcke Zahl.
Im Schloss führt Peder straff die Listen.
Er gleicht sie ab im Arsenal,
doch kontrolliert mit langen Fristen.

Es geht zum Brunnen lang der Krug,
und lang noch währt des Knechts Betrug.
Was, wenn der tönern Bauch zerbricht?
Dann droht dem Dieb ein Strafgericht!

Und dennoch wiegt in Sicherheit
sich Goos, des Ehre längst vertan.
Glaubt er, dass Wike ihm verzeiht,
wenn sie erkennt des Traumes Wahn?

Doch Schlimmres wird dem Hof beschieden,
da böse Kräfte Ränke schmieden.
Des Quellwirts Tochter zeigt sich schwanger,
und Lund steht am Gerüchtepranger.

Wie viele Augen in der Nacht,
wohl lagen lauernd auf der Wacht,
um diesen Fehltritt zu bezeugen,
bereit, notfalls das Recht zu beugen.

Der Quellkroogwirt hält Lund bald an,
spricht laut und forsch von Vaterpflichten.
Wer nächtens spielt den starken Mann,
sollt tags der Sünde Zoll entrichten!

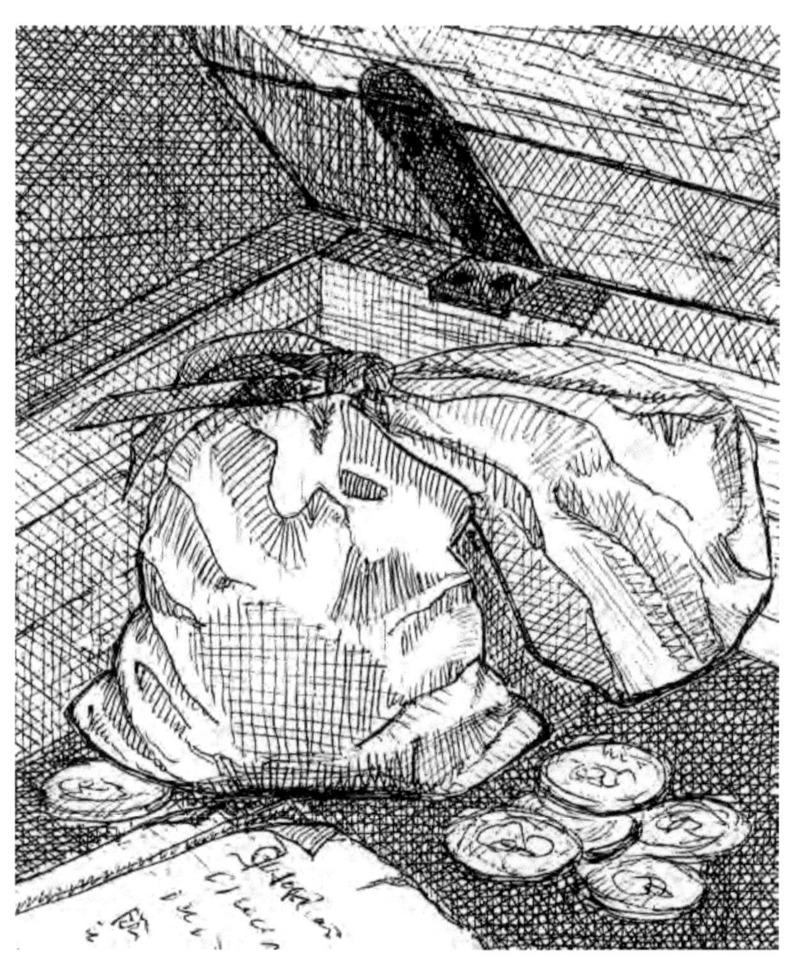

Solch Anwurf wiegt hier draußen schwer,
es geht um des Verwalters Ehr'.
Er hört des Wirtes Klag' geduldig,
fühlt an des Mädchens Not sich schuldig.

Der Sparstrumpf mit dem Altersgeld
der Sündentat zum Opfer fällt.
Das Erbteil aus des Vaters Hufe,
wend Unheil vor des Hauses Stufe.

Doch ein Gerücht wird aufgebracht;
sein falscher Knecht verleumdet ihn.
Vom Dorf zum Schloss dringt ein Verdacht,
weil böse Worte Kreise ziehn.

Im Schloss möcht man Genaues wissen.
Obwohl Sohn Peder pflichtbeflissen,
ruft ihn der Vogt zur Peinlichkeit
der Einvernahm' in Sunderheit.

Doch der ahnt nichts von den Gerüchten,
der Vater sei ihm Ehrenmann.
Gern würd er sich ins Schweigen flüchten,
da er nichts weiß - nichts sagen kann.

Der Burgvogt lässt es so nicht stehen,
will wissen, was vor Ort geschehen,
ob Schlosses Gut veruntreut gar,
und Henning Lund der Täter war.

Am Morgen drauf, zu früher Stund,
wird man vor Ort Bestände zählen,
und zeugt von Treubruch der Befund,
muss Lund statt Hof, den Kerker wählen.

Doch abends noch zum Schloss hinaus,
schleicht Peder Lund zum Elternhaus.
Muss Vater und den Bruder sprechen,
sie warnen vor des Vogts Erfrechen.

Man trifft sich flüsternd in der Stube,
die schlimme Nachricht wird verhandelt.
Im Dunkel lauscht ein böser Bube,
der lang auf krummen Pfaden wandelt.

Von Vaters Unschuld überzeugt,
hat Peder das Gesetz gebeugt,
des Schlossvogts Absicht kundgegeben.
Wie darf er mit dem Wortbruch leben?

Ein Lund erfüllt die Pflichten gern,
die ihm der Burgvogt anvertraut.
Wie sollt betrügen man den Herrn,
für den das Saatgut angebaut.

Sohn Olf hört seines Vaters Wort,
scheucht Zweifel und Bedenken fort.
Doch ist er lang schon nicht mehr froh,
dass der sein Glück sucht anderswo!

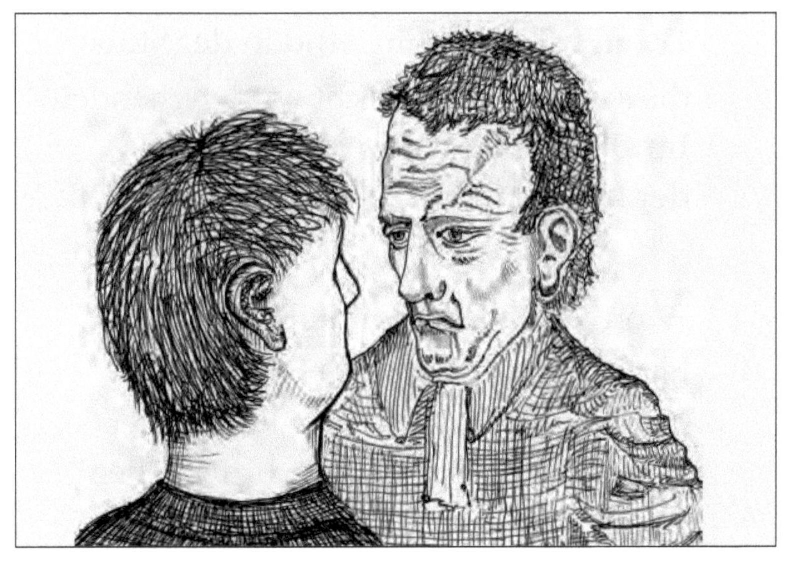

Mit Vater muss er ernsthaft reden,
bald soll er Farbe ihm bekennen.
Man darf einander nicht befehden,
des Übels Kern beim Namen nennen!

Der Bruder kehrt bald ungesehen,
und unbemerkt bleibt dies Vergehen,
zurück ins Schloss, in seine Kammer,
wie plagt ihn der Familie Jammer.

Derweil, gequält und tief bedrückt,
läuft Henning rastlos durch das Haus.
Es ist so viel zuletzt missglückt,
es treibt ihn in die Nacht hinaus.

Sein Weib hört jetzt die Tür noch schlagen,
wie jede Nacht seit langen Tagen.
Bei Dirnen, Würfelspiel und Bier,
scheint's besser, als zu Haus bei ihr.

Doch Lund quert nur den dunklen Platz
und wechselt zum Getreidespeicher.
Wenn dort was fehlt, gibt's kaum Ersatz,
allein der stille Dieb wird reicher!

Durch's Scheunentor schlüpft er hinein.
Bald hellt den Raum ein flackrig Schein.
Der Stalllaterne schwaches Licht
bestätigt nur des Sohn's Bericht.

Er macht sich hier und dort zu schaffen.
Des Schadens Ausmaß wird ihm klar.
Sieht in den Reihen Lücken klaffen,
spürt nicht das wachsam Augenpaar!

Die Mitternacht ist lang vorbei.
Im Quellkroog unverzagt noch drei,
die sich an Bier und Schnaps erfreuen,
den Vogt nicht und den Teufel scheuen.

Die Wirtshaustür wird aufgerissen,
herein tritt Gutsverwalter Lund.
Der falsche Wirt winkt dienstbeflissen,
hält sich jedoch im Hintergrund.

Herr Lund nimmt bei den Zechern Platz,
ist heut zu wortkarg für 'nen Schwatz.
Es scheint so manches ihn zu drücken,
will ihm doch lang schon nichts mehr glücken.

Da tönt von draußen lautes Schrei'n.
Des Kruges Tor schlägt scheppernd auf.
Es stürmt die Dörflerschar herein,
drängt sich ins Wirtshaus mit Gerauf.

"He, Henning Lund, das Vorwerk brennt!
Dein Hof steht lichterloh in Flammen,
vom Dachgestühl zum Fundament,
fällt Haus und Scheune bald zusammen!"

Die Leute drängen ihn zur Tür,
sehr grob und voller Ungebühr.
Da steht versteinert er und still,
was er dort sieht, nicht glauben will.

Die Feuersglut erhellt die Nacht,
die Lohen hoch zum Himmel schlagen.
Was hat die Flammen angefacht,
was hat sich drüben zugetragen?

Lund schreckt aus seinem Grübeln auf,
erkennt entsetzt was da geschehen,
springt auf sein Pferd, lässt freien Lauf,
darf morgen nur um Gnade flehen!

Derweil herrscht auf dem Vorwerk Not,
der Flammenfraß das Haus bedroht.
Die Scheune steht in Qualm und Feuer.
Vernichtet wird, was gut und teuer.

Kaum eine halbe Stund ist's her,
seit Hinnerk laut Alarm geschlagen.
Und Olf steht vor dem Flammenmeer,
muss ganz allein die Bürde tragen.

Soll jetzt mit Umsicht wägen, handeln,
das Unheil schnell in Rettung wandeln.
Die Mutter ist in Sicherheit,
und auch die Schwester hat kein Leid.

Das Hofgesinde eilt zusammen,
zum Glück sind alle wohlbehalten.
Noch immer züngeln heiße Flammen,
die sich zur Waberglut entfalten.

Knecht Hinnerk läuft ins Dorf geschwind,
ob Helfer dort zum Löschen sind.
Die Kätnerschar kommt ihm entgegen,
jetzt soll'n sich viele Hände regen.

Vorn, an der Spitze reitet Lund,
er treibt sein Pferd zur Eile an.
Die Not ist groß zu dieser Stund,
jetzt ist gefordert jeder Mann.

Das Haupthaus darf kein Feuer fangen,
den Funkenflug sieht Olf mit Bangen.
Er reißt vom Scheunendach das Reet,
wo taghell es in Flammen steht.

Die Helfer bilden eine Kette,
vom Vorwerk bis zum Eiderfluss,
damit man doch das Haupthaus rette!
Ins Dach schlägt's Wasser Guss um Guss.

Von Hand zu Hand die Eimer fliegen.
Will man die Feuersbrunst besiegen,
darf niemand heute Schwäche zeigen,
mag's auch die Kräfte übersteigen.

Olf kann die Warnung nicht vergessen,
die Peder abends ausgesprochen.
Was geht im Vater vor indessen?
Er ist ihm fremd seit vielen Wochen!

Der Alte schweigt, tut seine Pflicht.
Weil's am Vertrauen nun gebricht,
weiß Olf ihm nicht ins Aug zu schauen.
Schon weicht die Nacht dem Morgengrauen.

Der Schäden Ausmaß wird bald klar.
Die Scheune brannte bis zum Grund.
Im Wohnhausdach wird man gewahr,
es schwelt auch dort noch Glut zur Stund.

Doch ist der Schrecken jetzt gebannt,
das Feuer hat sich ausgebrannt.
Was noch im Dache glüht und glimmt,
das löscht ein letzter Guss bestimmt.

Auch das Getreide ist vernichtet,
die ganze Ernte Raub der Glut.
Wenn Henning Lund's dem Vogt berichtet,
wird er verlustig Kopf und Hut!

Rings um den Hof viel Gaffer stehen,
aus Rendesborg und nahen Orten.
War doch das Feuer weit zu sehen,
bald kommentiert mit lauten Worten.

Das Feuer fraß die Morgennebel,
den frühen Tag würgt heißer Knebel.
Jetzt naht heran mit forschem Tritt,
die Wache im Soldatenschritt!

Auf Anordnung und Vogtes Weisung,
soll'n Henning Lund und Olf, der Sohn,
in Kerkerhaft bei dürftger Speisung,
verdächtigt nun der Korruption.

Es hat im gräflichen Bereich,
Adolfs des VIII. Vogt zugleich
Gerichtsbarkeit und auch Vollzug.
Man ahndet Diebstahl und Betrug!

Die Männer werden abgeführt,
begleitet von der Frauen Klagen.
Wie wenig Mitleid wird verspürt,
manch Neider hegt ein bös' Behagen.

Tief in des Schlosses Kasematten,
auf dünnem Stroh, auf feuchten Platten,
sind Peder, Olf und Henning Lund
des Vogts Gefangene zur Stund.

Der Vorwurf: Diebstahl, Brand, Betrug!
Wie schändlich fühlt er sich betrogen.
War man als Vogt dem Vorwerk gut,
ward arg man von den Lunds belogen!

Der Vogt persönlich hat's gerichtet.
Zu Wikes Trost ist jetzt verpflichtet,
den Hof zu leiten - Hinnerk Goos.
Der willigt ein - gewissenlos.

Die Wochen ziehn sich endlos hin,
noch ist zur Klärung nichts geschehen.
Ist es des Schlossvogts Eigensinn,
soll schuldlos, Schuld man eingestehen?

In Stadt und Dorf steht es bald fest,
die Lunds sind schuldhaft in Arrest.
Als ehrlos Gaunerpack verschrien,
sollt strenges Urteil man vollzieh'n.

Beschämt packt Telse ihre Sachen,
beschwört die Tochter mitzukommen,
aus ihren Träumen aufzuwachen,
zu beider Frauen Nutz und Frommen.

Das traute Elternhaus, die Mühle,
beruhigt Telses Schamgefühle.
Dort will sie Seelenruhe finden,
sich ihrer Ehepflicht entbinden.

Wenn Hinnerk ehrlich sei und treu,
möcht Wike wohl die Seine bleiben,
sich doch auf jenen Tag schon freu,
da sie einander sich verschreiben.

Das will er gerne ihr versprechen
und ganz gewiss sein Wort nicht brechen.
So zieht getrost sie in die Stadt,
da Hinnerk sie ermutigt hat.

Von Wikes Liebe niemand weiß.
Sie hat sich keinem offenbart.
Noch kennt sie nicht den hohen Preis,
den ihr das Schicksal aufgespart.

Vergessen sind die Liebesstunden,
schnell hat sich Hinnerk neu gebunden.
Der Magd, die auf den Hof gekommen,
hat er zum Trost sich angenommen.

Bald wird es Wike zugetragen,
was Hinnerk von der Treue hält.
Wie konnt er solchen Wortbruch wagen?
Ihr Glück in alle Tiefen fällt.

So muss die erste Liebe enden,
das Hochgefühl sich bitter wenden.
Die Mutter spürt der Tochter Pein,
möcht gerne ihr zu Hilfe sein.

Sie wird es schneller als gedacht,
wird zaghaft ins Vertrau'n gezogen,
da durch des Hinnerk Niedertracht,
die Wike schändlich ward betrogen.

In Wike keimt, sie fühlt's mit Bangen,
sie hat's in schwüler Nacht empfangen,
ein neues Leben tief im Leib.
Welch Strafe für den Zeitvertreib!

Es fügt sich, dass der Herzog nun
auf einer Fahrt das Schloss besucht.
Lässt sich berichten jeglich Tun,
auf dass jedwed Gescheh'n verbucht.

Der Schlossvogt informiert den Herrn,
denn zu vertuschen liegt ihm fern,
was hier in letzter Zeit passiert,
und wer im Schlosse inhaftiert.

Adolf der VIII. hört's sich an,
entlässt die Söhne aus der Haft,
da man nicht mehr beweisen kann,
als mittelbare Täterschaft!

Das Vorwerk muss in feste Hände,
dem Schlendrian gehört ein Ende!
Olf Lund soll nun den Gutshof leiten,
mit Kraft den Aufbau selbst bestreiten.

Doch Henning Lund bleibt noch gefangen,
es spricht zuviel für seine Schuld.
Denn hat er tatsächlich begangen,
wes man ihn zeiht, er's drum erduld.

Veruntreuung und Feuer legen,
da braucht man keine Zweifel hegen,
des wähnt man ihn schon überführt.
Man ständig neu die Flamme schürt.

Sohn Olf drückt nun des Schlosses Zwang,
des Vaters Unrecht gutzumachen.
Mit ungebrochnem Tatendrang
will er den Aufbau überwachen.

Nur Peder fehlt das Rechtsvertrauen,
ist schnell bereit, sich umzuschauen.
In Eckernfördes Ostseehafen,
da gibt es Lohn - 'nen Platz zum Schlafen.

Der Scheunenaufbau steht nun an,
Knecht Hinnerk muss jetzt Bäume fällen.
Aus Jevenstedt rückt Mann um Mann,
den neuen Dachstuhl aufzustellen

Des Haupthaus' Reetdach reparieren,
nach langem Prüfen - Debattieren,
die Handwerksleut aus Kellinghusen,
in schwarzem Zeug und hellen Blusen.

Auch Hinnerk tut sich fleißig dar,
weil das Gewissen schwer ihn quält.
Er weiß, was damals wirklich war,
um Tod und Teufel nichts erzählt!

1459 - 1460

Bald läuft der Gutsbetrieb normal,
und doch fühlt Olf nur Pein und Qual.
Solang der Vater sitzt in Ketten,
wird sein Gemüt sich nimmer glätten.

Des Sonntags nach dem Kirchgang meist,
der Sohn die Mutter oftmals sieht,
dem Mühlenhaus die Ehr' erweist,
da's ihn doch zur Familie zieht.

Der Schwester Zustand kümmert ihn.
Welch Vater wird das Kind erzieh'n.
Doch Wike schweigt sich tapfer aus,
käm nur die Wahrheit bald heraus!

Der Müller ruft den Kindessohn,
konnt wichtiges heut recherchieren.
Mit Glück will er den Vater schon
in Kürze rehabilitieren.

Aus Fockbek kam ein Bauersmann,
und schleppt' sechs Säcke Korn heran,
die er zu feinem Mehl sollt mahlen.
Der Bauer wollt auch gut bezahlen!

Was Müller Arp entdecken musst,
ist ihm ganz sonderbar erschienen.
Etwas, das nur ihm selbst bewusst,
soll nun der Wahrheitsfindung dienen!

Die Juteschnur, wie's üblich ist,
er an den Säcken hier vermisst.
Mit schwarzem Teerband zugebunden,
hat er die Säcke vorgefunden!

Vielleicht wär's ihm nicht aufgefallen,
hätt nicht ein Zimmermann vom Land,
ihm mitgebracht 'nen ganzen Ballen,
von diesem schwarz geteerten Band!

Er hat's dann Henning Lund vermacht,
und sich nicht viel dabei gedacht.
Der hat als einz'ger unverdrossen,
die Säcke mit dem Band verschlossen.

Der Müller und sein Enkelsohn,
woll'n nun beim Vogt um Beistand werben.
Doch plötzlich neue Schatten droh'n,
denn Herzog Adolf liegt im Sterben.

In gräflichem Besitz das Schloss,
wird Hort der Witwe, ihrem Tross.
In all den Wirren dieser Tage,
ist Hennings Schicksal keine Frage!

Man Vierzehnhundertsechzig schreibt,
als Dänenkönig Christian
mit Vehemenz sein Ziel betreibt,
dass Holstein Schleswig zugetan.

Der Vogt geht in den Ruhestand,
ein Amtmann wird ab jetzt benannt.
So wünscht man es in Dänemark,
ansonsten bleibt man hier autark.

Noch immer hält man Lund gefangen.
Der alte Arp und Hennings Sohn,
beim Amtmann bald Gehör verlangen.
Der liest der Männer Petition.

Lässt beide auf das Schloss zitieren,
den Casus neu zu diskutieren.
Auch möcht er gute Gründe hören;
man soll die Wahrheit nur beschwören!

Der Müller trägt den Fall nun vor,
erläutert auch den Sachverhalt.
Der Amtmann hat ein waches Ohr,
vertritt er doch die Rechtsgewalt.

Das Teerband an den falschen Säcken,
muss auch des Amtmanns Zweifel wecken.
Nach Fockbek eilen schnell zwei Posten,
den Bauern kann's die Freiheit kosten.

Der Landwirt ist recht bald zur Stelle,
gesteht auf Druck den schlechten Wandel.
Verrät dem Amtmann jene Quelle,
mit der er trieb den dunklen Handel.

Er nennt des Vorwerks Knecht beim Namen,
als Lieferant von Korn und Samen.
So billig tät er's nimmer kriegen,
da musste die Versuchung siegen.

Der Amtmann schickt erneut Soldaten,
die Bauernstellen zu durchsuchen.
Nachdem er sich mit Arp beraten,
kann er viel Diebesgut verbuchen!

Geständig sind die Bauern schnell,
mit Hinnerks Namen bald zur Stell.
Das Korn war heimlich nachts erworben,
nun ist der Handel wohl verdorben.

In Schand und Eisen vorgeführt,
Knecht Hinnerk nichts als Scham verspürt.
Bekennt die Schuld an Raub und Brand,
wird in den Kerker tief verbannt.

Im Mühlenhaus wächst neues Leben,
doch wird es keinen Vater geben,
denn Wike hält im Herz verschlossen,
wofür sie Tränen oft vergossen.

Verwalter Lund wird freigelassen,
kehrt auf den Hof als Herr zurück.
Muss sich mit vielerlei befassen,
sucht in der Arbeit jetzt sein Glück.

> *UN DAT SE BLIVEN EVICH TOSAMENDE UNGEDEELT* <
Beurkundet zu Ripen im März 1460

Zu Ripen dann im Monat März,
wird Holstein Schleswig anverbunden.
So nimmt auch Henning sich ein Herz,
auf ewig Treue zu bekunden.

Er eilt zur Stadt zu Müller Arp,
bei dem er einst um Telse warb.
Dort wiederholt er heut sein Werben,
möcht niemals mehr sein Glück verderben.

Holt die Familie nun nach Haus,
will stets für Weib und Kinder sorgen.
Ein Leben nur in Saus und Braus
ist keine Garantie für Morgen!

***